Ticke, Tacke, Törchen, das Häschen isst gern Möhrchen

Über die Autorin

Dr. Evelyn Back ist promovierte Ernährungswissenschaftlerin und Mutter zweier Kinder. Sie arbeitet seit 2013 nebenberuflich als selbständige Ernährungsberaterin. Ihre Angebote im Bereich Ernährungsprävention richten sich vor allem an junge Familien, Kinder und Senioren/innen. Frau Dr. Back ist u.a. als Referentin im Netzwerk Junge Eltern/Familien des Amts für Ernährung, Landwirtschaft und Forsten Fürth, als Referentin für die Koordinationsstelle der familienfreundlichen Schule – Erziehungs- und Bildungspartnerschaft in Nürnberg im Bündnis für Familie, als Gesundheitsförderin für das Programm Klasse2000 und als Trainerin für die Sarah Wiener-Stiftung im Programm "Ich kann kochen!" tätig.

Weitere Publikationen von Frau Dr. Back sind das Ernährungsmärchen "Die schlaraffisketische Traumhochzeit" (ISBN ebook 978-3-74129-500-3) und das ebook "Oh happy brain... Mit der richtigen Ernährung fit durch den Büroalltag (ISBN 978-3-74124-993-8).
Weitere Details zur Autorin und ihren Angeboten finden Sie unter www.ess-cetera.de.

Über das Buch

Der Großteil der im Buch abgedruckten Lieder basiert auf bekannten Volks- und Kinderliedern, damit man sie direkt vom Blatt singen kann. Die Melodien stehen im monatlichen Wechsel unter www.ess-cetera.de ⇨Downloads und Abbildungen als .wav-Datei zum Download bereit.
Die Rezepte haben sich im Rahmen vieler Eltern-Kind-Kurse bewährt und schmecken Alt und Jung gleichermaßen. Bei den meisten Rezepten können auch schon sehr junge Nachwuchsköche/innen Hand mit anlegen und bei der Zubereitung helfen. Da sich die motorischen Fähigkeiten bei Kindern sehr unterschiedlich entwickeln, wurde auf Altersangaben bei den Rezepten weitgehend verzichtet. Hier ist das Fingerspitzengefühl und die Beobachtungsgabe der Betreuungspersonen gefragt um zu entscheiden, in welchem Alter welches Kind bei welchem Rezept mithelfen kann.

Dr. Evelyn Back

Ticke, Tacke, Törchen, das Häschen isst gern Möhrchen

Musikalische Leckerbissen für Junge und Junggebliebene

Bibliografische Informationen der Deutschen Nationalbibliothek:

Die Deutsche Nationalbibliothek verzeichnet diese Publikation in der Deutschen Nationalbibliografie; detaillierte bibliografische Daten sind im Internet über http://dnb.de abrufbar.

© 2016 Dr. Evelyn Back (Texte, Liedertexte, Melodien, Fotos, soweit nicht anders angegeben)
© aid Ernährungspyramide (S. 6): aid Infodienst, Idee: S. Mannhardt, Abdruck mit freundlicher Genehmigung des aid

Herstellung und Verlag:
BoD – Books on Demand, Norderstedt

ISBN 978-3-74129-957-5

Inhaltsverzeichnis

Bevor es richtig losgeht… - Musikalische Schaumparty	6
Wische, wasche, Seifenzauber (Lied)	6
Die Ernährungspyramide	6
Apfel-Karotten-Salat (Rezept)	7
Ticke, Tacke, Törchen, das Häschen isst gern Möhrchen (Lied)	8
Es kocht ein Ki-Ka-Kinderkoch (Lied)	10
Einfache Musikinstrumente bauen	10
Kinderlein, kommt, kocht mit mir! (Lied)	11
Das Bratapfel-Schlemmerlied	12
Bratigel/Bratmonsterchen (Rezept)	13
Buntes Essen (Lied)	14
Rot, rot, rot sind Kirschen und Tomaten (Lied)	15
Kinder-Kraftstoff (Smoothie-Rezept)	16
Selbstgemachte Götterspeise (Rezept)	17
Praktische Küchenmathematik	18
Obst- und Gemüseparade (Gedicht)	18
Abzählreim	18
Müslikugeln (Rezept)	19
Im Frühling mag ich Kräuter (Lied)	20
Himbeerblitzeis (Rezept)	21
Der Affe schüttelt die Kokosnuss (Lied)	22
Spielanleitung für das Lied „Der Affe schüttelt die Kokosnuss"	23
Tierisch fit (Lied)	24
Ich möchte was trinken (Lied)	25
Wer will durstige Kinder seh'n (Lied)	26
Empfohlene tägliche Wasserzufuhr	26
Gute Durstlöscher	27
Hopp, hopp, hopp, Kinder lauft Galopp (Lied)	27
Hier finden Sie weiterführende Informationen	28
Abkürzungsverzeichnis	28

Bevor es richtig losgeht… - Musikalische Schaumparty

Es ist wichtig, vor dem gemeinsamen Kochen die Hände gründlich zu waschen. Damit die Hände wirklich sauber sind, sollten sie 30 Sekunden lang überall mit Seife eingeschäumt werden: Handflächen, Handrücken, Fingerspitzen, Fingerzwischenräume. Wenn Sie das nachfolgende Lied dabei zweimal singen, sind die 30 Sekunden schnell vorbei (Bezugsquellen für weiterführende Infomaterialien siehe S. 28/6).

Wische, wasche, Seifenzauber

Text und Melodie: Dr. Evelyn Back

Ganz e-gal, ob bei Groß o-der Klein, die Hän-de müs-sen sau-ber sein.
Vor dem Es-sen, nach dem Klo, wasch' ich die Hän-de so-wie-so! Wi-sche-wa-sche
Sei-fen-zau-ber, und schon sind sie sau-ber!

Die Ernährungspyramide

Die aid-Ernährungspyramide [siehe S. 28/3.2] veranschaulicht in einem leicht verständlichen Modell die Grundlagen einer ausgewogenen Ernährung. Jeder Baustein steht für eine Portion der betreffenden Lebensmittelgruppe (Getränke, Obst/Gemüse, Getreide/Beilagen, Milch(produkte)/Ei/Fleisch/Fisch, Fette/Öle, Süßes/Knabbereien). Mit Hilfe der kostenlosen aid-App „Was ich esse" [siehe S. 28/3.1] können Sie schnell und einfach das eigene Essverhalten überprüfen und gegebenenfalls verbessern. Das Lied auf Seite 8 vermittelt Kindern die wichtigsten Punkte spielerisch.

Karotten-Apfel-Salat

Besonders gut eignet sich dieser Salat für die Wintermonate, wenn die Auswahl an saisonal verfügbaren und bei Kindern beliebten Salaten gering ist. Er schmeckt sehr frisch und fruchtig. Auch Kinder, die Gemüse ansonsten ungern essen, greifen bei diesem Salat in der Regel gerne zu. Wenn die Karotten und Äpfel auf einer ganz feinen Gemüsereibe geraspelt werden, können sogar schon Kleinkinder ab ca. einem Jahr den Salat essen.

Zubehör
- Küchenwaage
- Sparschäler/Gemüseschäler
- Küchenmesser
- Gemüsereibe
- Salatschüssel + Salatbesteck

Zutaten für 2 Erwachsene und 2 Kindergartenkinder
- 250 g Karotten
- 250 g Äpfel
- 5 EL Orangensaft oder Apfelsaft
- 1 EL Kokosraspeln oder 1 TL neutrales Salatöl

Zubereitung
1. Karotten schälen, grünes Ende abschneiden und waschen
2. Äpfel waschen, vierteln und Kerngehäuse entfernen
3. Karotten und Äpfel auf der Gemüsereibe raspeln (wenn Kleinkinder mitessen ganz fein raspeln, für Erwachsene und ältere Kinder je nach Geschmack auch gröber raspeln)
4. Orangensaft und Kokosraspeln oder Öl zugeben und gut durchmischen

Ticke, Tacke, Törchen, das Häschen isst gern Möhrchen

Text und Melodie: Dr. Evelyn Back

1. Tik-ke, Tak-ke, Tör-chen, das Häs-chen isst gern Möhr-chen.
2. Rik-ke, Rak-ke, Ro-chen, der Hund kaut ger-ne Kno-chen.
3. Pik-ke, Pak-ke, Pek-ken, die En-te schnappt sich Schnek-ken.
4. Nis-se, Nas-se, Nas-ser, die Tie-re trin-ken Was-ser.

Tik-ke, Tak-ke, Ta-fer, das Pferd nascht ger-ne Haf-fer.
Rik-ke, Rak-ke, Reu, die Kuh mampft ger-ne Heu.
Schlik-ke, Schlak-ke, Schlä-fer, das Huhn pickt ger-ne Kä-fer.
Lik-ke, Lak-ke, Lauch, und die Kin-der auch.

Doch was sol-len Kin-der es-sen? Ups, das hab' ich schon ver-ges-sen.

Tik-ke, Tak-ke, Tier, komm schon sag es mir!! 1. Zwei-mal Obst und drei-mal Ge-mü-se kommt täg-lich aus Kü-che und Kom-bü-se. Ab und zu ein-

Tipp: Einfache Musikinstrumente bauen

Die Lieder in diesem Buch lassen sich prima mit Instrumenten aus der Küche begleiten, z. B.

- Trommel aus einem Topf plus Kochlöffel oder Schneebesen als Trommelschlegel
- Becken aus zwei Metall-Topfdeckeln oder aus Topfdeckel mit Kochlöffel
- Klangstäbe aus zwei Kochlöffeln oder zwei Ess-Stäbchen
- Handtrommel aus umgedrehter Plastikschüssel

Auch verschiedene Rasseln sind schnell gebastelt (siehe Foto Seite 11).

Die Rasselgeräusche unterscheiden sich je nach gewählter Hülle und dem verwendeten Füllmaterial:

- Hülle: hohle Dekofrüchte, leere Kokosnüsse, leere Plastikflaschen, mit Pappmaché beklebte Luftballons, leere Innenteile von Überraschungseiern
- Füllmaterial: getrocknete Erbsen/Bohnen/Linsen/Kirschkerne, Hirse, Couscous, Reis, Sand

Kinderlein, kommt, kocht mit mir!

Text: Dr. Evelyn Back   Melodie: Brüderchen, komm, tanz mit mir

1. Kin-der-lein, kommt, kocht mit mir! Ei-nen Löf-fel kriegt ihr hier.
2. Kin-der-lein, kommt, backt mit mir! Ei-ne Schüs-sel kriegt ihr hier.
3. Kin-der-lein, kommt, esst mit mir! Ei-nen Tel-ler kriegt ihr hier. Pro-

Rührt mal hin, rührt mal her, rund-he-rum, das ist nicht schwer!
Kne-tet hier, kne-tet dort, hey, jetzt lauft mir doch nicht fort!
biert mal dies, pro-biert mal das, hey, das ist ein Rie-sen-spaß!

1 und 9: Hohle Dekofrüchte

2: Kokosnuss, vergoldet mit Acrylfarbe

3 und 4: Leere Zitronensaftflaschen

5 und 7: Plastikfrüchte von einer LED-Lichterkette

6 und 8: Mit Acrylfarbe bemaltes Obst/Gemüse aus Modelliermasse mit Kern aus Überraschungs-Ei

10 und 11: Überraschungsei-Innenteile

Das Bratapfel-Schlemmerlied

Text: Dr. Evelyn Back
Melodie: In meinem kleinen Apfel

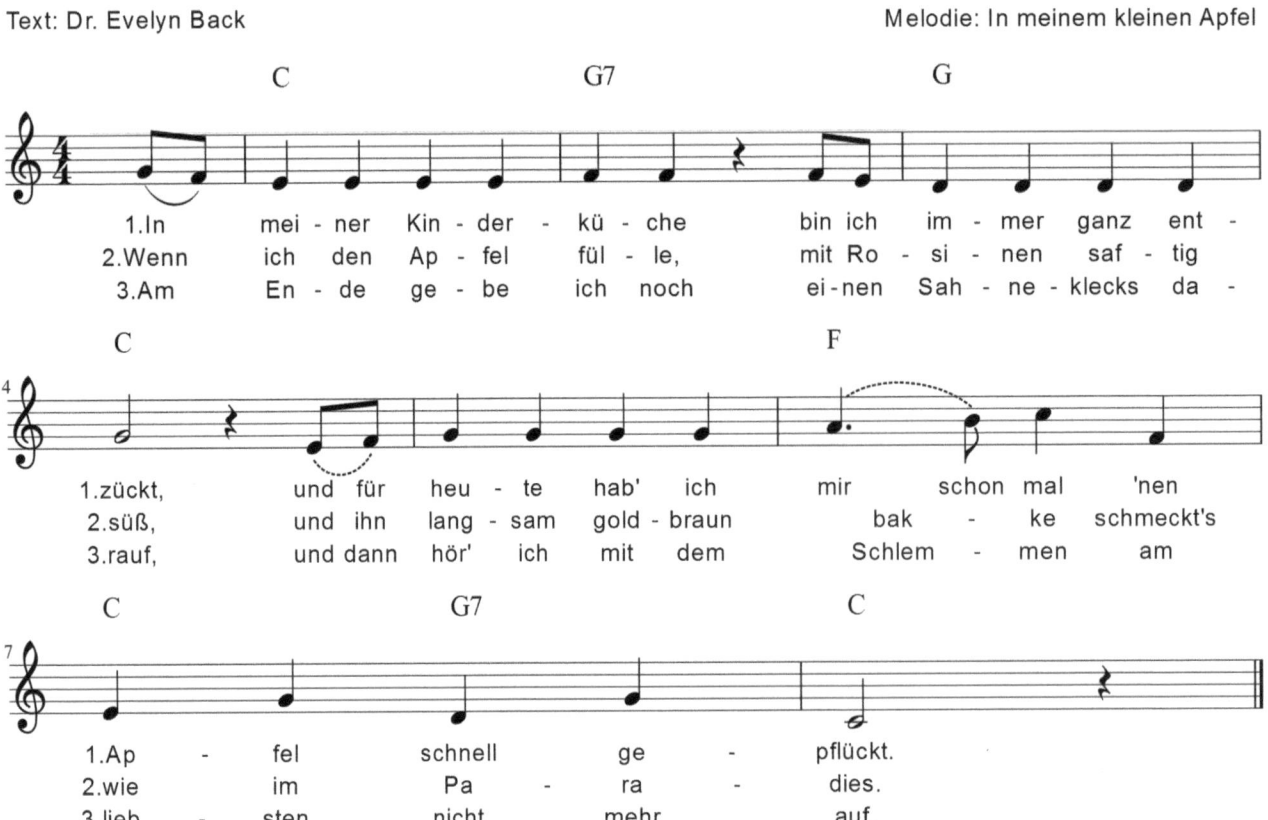

Das nachfolgende Rezept passend zum Lied trainiert Fingerspitzengefühl und Feinmotorik und kann mit Kindern ab ca. 3 Jahren zubereitet werden. Da beim Umgang mit Schaschlikspießen eine gewisse Verletzungsgefahr besteht, ist auf jeden Fall eine Beaufsichtigung erforderlich. Je nach Entwicklungsstand benötigen die Kinder eventuell auch noch Unterstützung beim Löcherbohren oder beim Einstecken der Mandelstifte.

Bratigel/Bratmonsterchen

Zubehör

Küchenwaage, Küchensieb, Schüssel, Apfelausstecher, Teelöffel, Schaschlikspieß aus Holz, tiefes Backblech mit Backpapier oder gebutterte Auflaufform, Eßlöffel, Dessertteller

Zutaten pro Kind

- 1 mittelgroßer Apfel ("Handgröße")
- 5 g (1 TL) ungeschwefelte Rosinen
- 5 g (1 TL) Kokosraspeln
- 1 TL Aprikosenmarmelade, Honig oder Agavendicksaft
- 1 Eßlöffel Mandelstifte
- Nach Geschmack eine Prise Zimt, gemahlene Nelken und/oder gemahlene Vanilleschote

Zubereitung

1. Rosinen abwiegen, in einem Sieb unter warmem Wasser kurz abbrausen und dann in einer Schüssel in warmem Wasser einweichen
2. Äpfel waschen und abtrocknen
3. Kerngehäuse der Äpfel ausstechen
4. Einweichwasser der Rosinen abgießen
5. Kokosraspeln, Marmelade und ggf. Gewürze zu den Rosinen in die Schüssel wiegen und verrühren
6. Backofen auf 160°C (Umluft) vorheizen
7. Füllung mit einem Teelöffel in die ausgehöhlten Äpfel drücken
8. Jeden Apfel mit einem Schaschlikspieß einstechen und Mandelstifte in die Löcher stecken; Löcher entweder rundum verteilen (Igel) oder ein Gesicht mit Frisur gestalten (Monsterchen)
9. Gefüllte Äpfel aufs Backblech/in die Auflaufform setzen
10. Bratäpfel in den Ofen schieben und ca. 15 Minuten braten bis sie goldbraun sind
11. Bratäpfel mit einem Eßlöffel heiß auf Desserttelelr verteilen
12. Bratäpfel nach Belieben mit einem Klecks Schlagsahne oder mit Vanillesoße servieren

Buntes Essen

Text: Dr. Evelyn Back
Melodie: Frère Jacques

Mit dem Essen spielt man nicht? Von wegen!

Mit den Liedern auf dieser Doppelseite kann Ihr Kind auf spielerische Art und Weise die Farben lernen und dabei auch noch neue Obst- und Gemüsesorten entdecken.
Wer nach dem Probieren und Singen noch Lust auf mehr hat: von ess cetera gibt es verschiedene Fotomemos mit Obst und Gemüse (siehe Abbildungen auf der nächsten Seite):
- Obst- und Gemüse-ABC: einmal quer durch den Garten von A bis Z, besonders gut geeignet für angehende ABC-Schützen
- Farbspiele: Obst- und Gemüsesorten in (fast) allen Farben laden zur Entdeckungstour
- Inside Out: verschiedene Obst- und Gemüsesorten von Außen und Innen - Memo für Fortgeschrittene
- Wachstum: Nahrungspflanzen vom ersten Blatt bis zum verarbeiteten Produkt

Weitere Informationen inklusive der Spielanleitungen finden Sie unter www.ess-cetera.de ⇨ Arbeitsmaterialien ⇨ Foto-Memos.

Rot, rot, rot, sind Kirschen und Tomaten

Text: Dr. Evelyn Back
Melodie: Grün, grün, grün sind alle meine Kleider

1. Rot, rot, rot sind Kirschen und Tomaten, Rot, rot, rot ist manches, was ich ess'. Doch es gibt noch mehr, und wenn du etwas weißt, mein liebes Kind, verrate es mir jetzt!
2. Blau, blau, blau sind Blaukraut und auch Trauben, Blau, blau, blau sind manches, was ich ess'. Doch es gibt noch mehr, und wenn du etwas weißt, mein liebes Kind, verrate es mir jetzt!
3. Grün, grün, grün sind Birnen und auch Gurken, Grün, grün, grün sind manches, was ich ess'. Doch es gibt noch mehr, und wenn du etwas weißt, mein liebes Kind, verrate es mir jetzt!
4. Orange, orange sind Möhren und auch Kürbis. Orange, orange sind manches, was ich ess'. Doch es gibt noch mehr, und wenn du etwas weißt, mein liebes Kind, verrate es mir jetzt!
5. Gelb, gelb, gelb sind Grapefruits und Bananen, Gelb, gelb, gelb sind manches, was ich ess'. Doch es gibt noch mehr, und wenn du etwas weißt, mein liebes Kind, verrate es mir jetzt!

Foto-Memo Obst-ABC · Foto-Memo Farbspiele · Foto-Memo Wachstum

Kinder-Kraftstoff (Smoothie)

Zubehör

- Gemüsemesser und Schneidbrett
- Gemüsereibe
- Stabmixer (ab 400 Watt) mit hohem Rührbecher oder Standmixer
- Trinkgläser

Zutaten für 4 Erwachsene oder 8 Kinder

- 300 g Mango (oder 200 ml fertiges Mangopüree)
- 125 g Avocado
- 75 g Banane
- 250 g Orange
- 100 g Karotte
- 125 g Birne
- 100 ml kaltes Wasser
- 1 TL Olivenöl

Zubereitung

1. Mango waschen, schälen, Fruchtfleisch vom Kern schneiden und würfeln
2. Avocado halbieren, Kern entfernen, Fruchtfleisch auslöffeln
3. Banane schälen und in Scheiben schneiden
4. Orange schälen und Fruchtfleisch in Stücke schneiden
5. Karotte schälen, waschen und auf der Gemüsereibe fein raspeln
6. Birne waschen, vierteln, Kerngehäuse entfernen und die Birnenspalten in Stücke schneiden
7. Alle Zutaten in den Mixbecher geben
8. Smoothie bis zum gewünschten Sämigkeitsgrad pürieren
9. In Trinkgläser umfüllen und möglichst bald genießen

Tipps

- Wichtig: Das Obst muss sehr reif und weich sein – insbesondere die Mangos, Avocados, Bananen und Birnen – sonst wird der Smoothie krisselig
- Mit den genannten Mengenangaben wird der Smoothie so cremig, dass man ihn löffeln kann. Damit er leichter zu trinken ist, kann man ihn noch mit Wasser oder Orangensaft verdünnen.
- Wenn Ihr Standmixer Eiswürfel zerkleinern kann, verwenden Sie statt des Wassers eine entsprechende Menge Eiswürfel und Sie erhalten eine kühle Erfrischung für heiße Sommertage.

Selbstgemachte Götterspeise

Fertige Götterspeise enthält sehr viel Zucker und vor allem Zusatzstoffe wie Aromen und Farbstoffe. Dieses Rezept kommt ohne solche Zusätze aus und enthält nur 30% des Zuckers einer handelsüblichen Fertig-Götterspeise.

Zubehör

Tasse, Esslöffel, Wasserkocher, Messbecher, Bratenthermometer, große Schüssel oder mehrere Dessertschälchen

Zutaten für 4-5 Portionen

- 250 ml Wasser
- 250 ml Apfelsaft
- 1 Beutel Früchtetee
- 1 Packung (9 Gramm) gemahlene Gelatine

Zubereitung

1. Gelatine in einer Tasse mit 6 EL kaltem Wasser verrühren und 10 Minuten quellen lassen (Abb. 1)
2. Teebeutel im Messbecher mit 250 ml kochendem Wasser übergießen und 10 Minuten ziehen lassen (Abb. 2)
3. Nach 10 Minuten Teebeutel entfernen und Temperatur des Tees mit einem Bratenthermometer kontrollieren; falls nötig, Temperatur mit etwas Saft auf 60-80°C einstellen
4. Gelatine löffelweise unter den Tee rühren, bis keine Klumpen mehr sichtbar sind
5. Restlichen Saft einfüllen und nochmals gut umrühren
6. Flüssigkeit entweder in einer großen Schüssel oder in Dessertschälchen für mindestens 5 Stunden im Kühlschrank gelieren lassen

Hinweis: bei Verwendung von naturtrübem Apfelsaft wird die Götterspeise milchig.

Tipp: Für eine vegane Variante verwenden Sie statt der Gelatine eine entsprechende Menge Agar Agar und verarbeiten es nach Packungsanweisung.

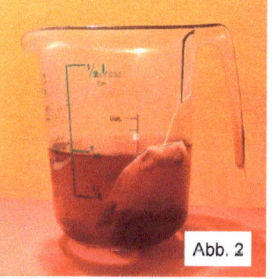

Praktische Küchenmathematik

Das Abwiegen, Abmessen und Abzählen von Lebensmitteln, Geschirr und Besteck fördert beim Kochen durch den praktischen Umgang mit Zahlen und Mengen das mathematische Grundverständnis von Kindern. Mit dem nachfolgenden Gedicht lassen sich die Zahlen von eins bis zehn üben.

Obst- und Gemüseparade

Zehn Oliven klein, die leg' ich auf die Pizza. 'Ne Pizza back ich gerne mir, ob hier oder in Nizza.

Neun reife Birnen, die werden zu Kompott. Mit Reibekuchen schmeckt er gut. Ich will noch mehr! Flott, flott!

Acht Tomaten groß, die koche ich zu Supp'. Basilikum und Sahne rein, das geht ganz schnell, schwupp, schwupp!

Sieben süße Pflaumen, die steck' ich in 'nen Kloß. Dann essen heute alle gerne Pflaumenkloß mit Soß'.

Sechs gelbe Paprika schneid' ich in den Salat. Mit Thymian und Käse drin schmeckt's lecker mir, nicht fad'.

Fünf Radieschen rot, rühr' ich mir in den Quark. Radieschenquark mit Vollkornbrot, der macht mich richtig stark.

Vier reife Erdbeer'n vermische ich mit Milch. Ein Milchshake schmeckt so fruchtig-frisch. Das weiß doch jeder Knilch.

Drei Zucchini grün, die wandern in den Kuchen. Jetzt stehen alle Schlange hier und woll'n ihn gleich versuchen.

Zwei leck're Äpfelchen brat' ich im Ofen mir. Und wenn sie goldbraun-lecker sind, dann teil' ich sie mit dir!

Eine kleine Kokosnuss zu knacken das ist schwierig. Doch wenn es dann gelungen ist, schlürf' ich die Milch ganz gierig.

1-2-3-4-5-6-7-8-9-10

Und wenn wir schon beim Zählen sind, hier noch ein Abzählreim passend zum Backen:

Eier, Mehl und Butter,
Milch und Zucker,
kommen in den Kuchen rein,
der Kuchen wird bald fertig sein.
Ofentüre zu
und raus bist du!

Müslikugeln

Diese saftigen Müslikugeln eignen sich sehr gut als gesunde Leckerei für zwischendurch oder die Frühstückspause. Auf Vorrat zubereitet halten sie sich ca. eine Woche.
Die Teigherstellung ist eine wunderbare Sinneserfahrung für Kinder – lassen Sie viel Zeit zum Matschen und Kneten!

Zubehör

Sieb, Teigschüssel, Küchenwaage, Backblech mit Backpapier, Backofen

Zutaten für ca. 25 Kugeln

- 75 g ungeschwefelte Rosinen
- 250 g Magerquark
- 125 g feine Haferflocken
- 125 g Kokosraspeln
- 100 ml Apfelsaft
- 80 g Honig
- 75 g gehobelte Haselnüsse oder Mandeln
- 3 Messerspitzen gemahlene Bourbon-Vanille

Zubereitung

- Rosinen im Sieb abbrausen und in der Schüssel ca. 10 Minuten in warmem Wasser einweichen
- Einweichwasser nach 10 Minuten abgießen
- Restliche Zutaten dazu wiegen und alles miteinander verkneten
- Ofen auf 180°C (Umluft) vorheizen
- Aus der Masse ca. 25 Kugeln formen und auf ein Backblech legen
- Kugeln auf der mittleren Schiene backen, bis sie braun sind (ca. 20 Minuten). Für eine gleichmäßigere Bräunung nach der Hälfte der Backzeit wenden
- Auf einem Kuchengitter abkühlen lassen und luftdicht verschlossen aufbewahren

Abwandlungsmöglichkeiten:

- Bei Laktoseintoleranz: statt Quark und Apfelsaft ca. 200 ml Hafer-, Reis- oder Sojasahne verwenden
- Für Veganer/innen: Honig durch Agavendicksaft ersetzen + siehe „Bei Laktoseintoleranz"
- Bei Nussallergie: statt Kokosraspeln/Haselnüssen 200 g gemahlene Erdmandeln verwenden; Honig dann auf 40 g reduzieren, da die Erdmandeln bereits sehr süß schmecken
- Bei Glutenunverträglichkeit: Hirseflocken verwenden
- Rosinen weglassen oder andere (ggf. kleingeschnittene)Trockenfrüchte verwenden

Im Frühling mag ich Kräuter

Text Dr. Evelyn Back
Melodie: I like the flowers

„Ich esse Beeren, mal frisch und mal als Eis" - Hier das Rezept für ein Himbeerblitzeis

Zubehör

5 Teelöffel, 1 Esslöffel, 1 Pürierstab (mind. 450 Watt) mit
passendem hohem Rührbecher, 1 Blatt Küchenrolle,
4 Dessertschälchen

Zutaten für 4 Portionen

- 200 g gefrorene Himbeeren
- 1 TL Marmelade (Himbeere, Erdbeere, Brombeere o. ä.)
- 200 g Naturjoghurt oder vegane Joghurtalternative

Zubereitung

1. Himbeeren ca. 10 Minuten bei Raumtemperatur antauen lassen
2. Marmelade, Joghurt und Himbeeren in dieser Reihenfolge in den Rührbecher geben
3. Vor dem Pürieren Gefäßöffnung mit einem Küchentuch o.ä. abdecken – es spritzt am Anfang sehr!
4. Angetaute Himbeeren unter leichtem Druck mit dem Pürierstab zerkleinern und in die Marmeladen-Joghurt-Mischung einarbeiten
5. Falls nötig, Mischung zwischendurch vom Pürierstab abstreifen und mit einem Esslöffel durchrühren, damit Himbeerstücke, die sich im Becher nach oben geschoben haben, auch noch mit zerkleinert werden
6. Fertiges Eis auf Dessertschälchen verteilen, nach Belieben dekorieren und sofort genießen

Wichtig: Tiefkühlware aus dem Supermarkt (v.a. Importware) ist oft mit krankheitserregenden Keimen belastet und sollte – insbesondere von Kindern und Senioren/innen – nur gekocht verzehrt werden. Verwenden Sie daher für dieses Rezept bevorzugt Früchte aus eigenem Anbau bzw. heimische Ware und reinigen Sie die Beeren vor dem Einfrieren gründlich.

Während die meisten Kinder Obst wegen des süßen Geschmacks sehr gerne essen, steht Gemüse auf der Beliebtheitsskala bei vielen sehr weit unten. Was tun?

- selbst Vorbild sein
- verschiedene Zubereitungsformen anbieten (in Stangen, in Scheiben, geraspelt, als Salat, mit Dip, gelegentlich als Saft oder Smoothie) – die meisten Kinder bevorzugen rohes Gemüse und Obst
- ausreichend häufig Gelegenheit zum Probieren neuer Gemüsesorten geben (z. B. zu jedem Abendessen einen Teller mit einer Auswahl an Rohkostgemüse anbieten)
- Kinder in die Auswahl und Zubereitung des Gemüses mit einbeziehen
- Obst und Gemüse kombinieren, z. B. Karotten-Apfel-Salat (Seite 7) oder Smoothie (S. 16) – manchmal baut ein bekannter/akzeptierter Geschmack eine Brücke zu einem neuen Geschmack
- akzeptieren, dass nicht jeder Mensch jede Gemüsesorte mag – eine Sorte ist ein guter Anfang
- das Thema spielerisch angehen, z. B. mit nachfolgendem Lied/Spiel

Der Affe schüttelt die Kokosnuss

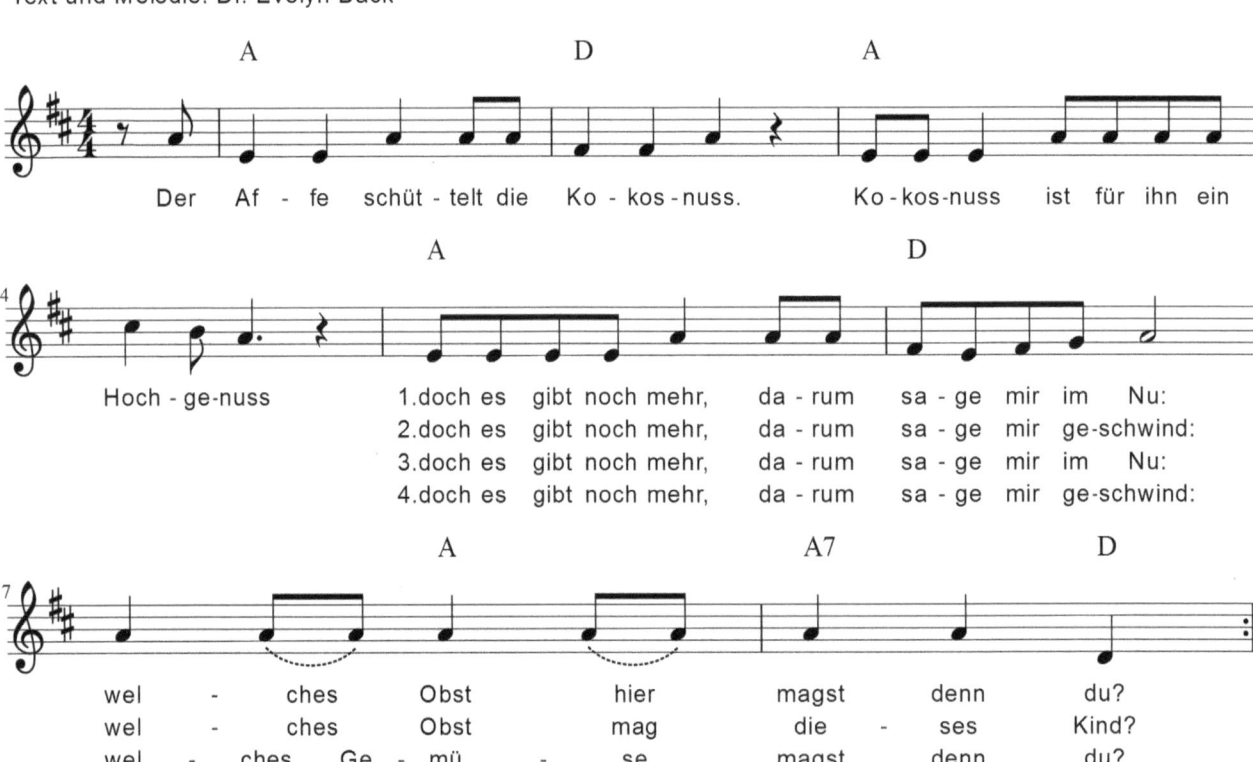

Text und Melodie: Dr. Evelyn Back

Spielanleitung für das Lied „Der Affe schüttelt die Kokosnuss"

Zubehör

- Variante 1: Teller mit Obst/Gemüsestücken (für Kinder bis 4 Jahren max. 3 Sorten, für ältere Kinder auch mehr)
- Variante 2: Ein Memo „Farbspiele" oder „Obst-" bzw. „Gemüse-ABC" oder selbst ausgeschnittene Obst/Gemüsebilder aus Werbeflyern oder Gartenkatalogen
- Plüschaffe
- Kokosnussrassel (siehe Seite 11)

1. Variante: Obst- und Gemüsesorten kennenlernen

Die Kinder sitzen mit einer/m Erwachsenen im Kreis. Je nachdem, ob Obst oder Gemüse auf dem Teller liegt, wird die Strophe 1 oder 3 gesungen.
Der/die Erwachsene hält beim Lied das Äffchen und lässt es die Kokosnuss schütteln. Bei „...magst denn du?" deutet das Äffchen auf ein Kind im Kreis. Das betreffende Kind darf sich vom Obst/Gemüseteller eine Obst/Gemüsesorte aussuchen, die ihm schmeckt, sie benennen („mir schmeckt...") und sie dann verzehren. Das Lied wird so oft gesungen, bis alle Kinder sich Obst/Gemüse nehmen durften.

2. Variante: Memo-Spiel

Die Kinder sitzen mit einer/m Erwachsenen im Kreis. Je nachdem, ob Obst- oder Gemüsebilder zur Auswahl stehen, werden die Strophen 1 und 2 oder 3 und 4 gesungen. Der/die Erwachsene hält beim Lied das Äffchen und lässt es die Kokosnuss schütteln. Bei „...magst denn du?" deutet das Äffchen auf ein Kind im Kreis. Das betreffende Kind darf sich von den Fotokarten eine Obst/Gemüsesorte aussuchen, die es gerne isst, sie benennen („mir schmeckt...") und die Fotokarte dann mit der Rückseite nach oben vor sich ablegen. Das Lied wird so oft gesungen, bis alle Kinder sich eine Karte nehmen durften. Wenn sich alle Kinder ein Fotokärtchen ausgesucht haben, wird die 2. oder 4. Strophe gesungen. Bei „...mag dieses Kind?" deutet das Äffchen auf eines der Kinder. Jetzt müssen alle anderen Kinder versuchen sich zu erinnern, welches Obst/Gemüse sich das betreffende Kind ausgesucht hat. Die Strophe wird so oft wiederholt, bis das Obst/Gemüse aller Kinder erraten wurde.

Kinder haben – im Gegensatz zu vielen Erwachsenen – noch einen großen natürlichen Bewegungsdrang. Mit diesem Lied kommt die ganze Familie in Schwung.

Tierisch fit

Text und Melodie: Dr. Evelyn Back

1. Das Äffchen mit dem langen Schwanz,
2. Das Äffchen hebt das rechte Bein und
3. Das Äffchen hebt den rechten Arm und
4. Das Äffchen, das hüpft hin und her und
5. Das Äffchen trippelt vor, zurück und
6. Das Äffchen wackelt mit dem Po,
7. Das Äffchen setzt sich jetzt mal hin, es

1. das ist fit. Es holt jetzt alle Kinder her, und
2. auch das linke Bein. Das können doch die Kinder auch, und
3. dann den linken Arm. Das können doch die Kinder auch und
4. jetzt noch auf und nieder. Das können doch die Kinder auch, sie
5. dann noch rechts und links. Das können doch die Kinder auch.
6. So, so, so. Das können doch die Kinder auch. Das
7. fühlt sich schon ganz schlapp. Die Kinder können auch nicht mehr, sie

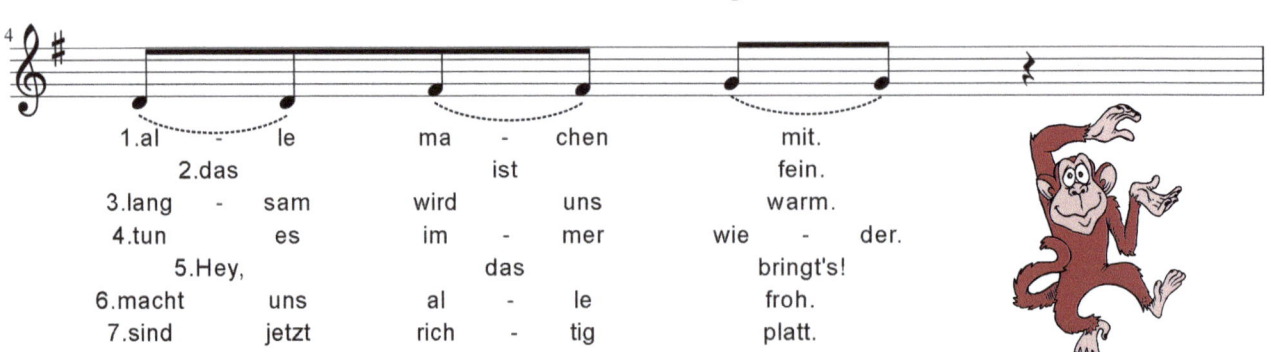

1. alle machen mit.
2. das ist fein.
3. langsam wird uns warm.
4. tun es immer wieder.
5. Hey, das bringt's!
6. macht uns alle froh.
7. sind jetzt richtig platt.

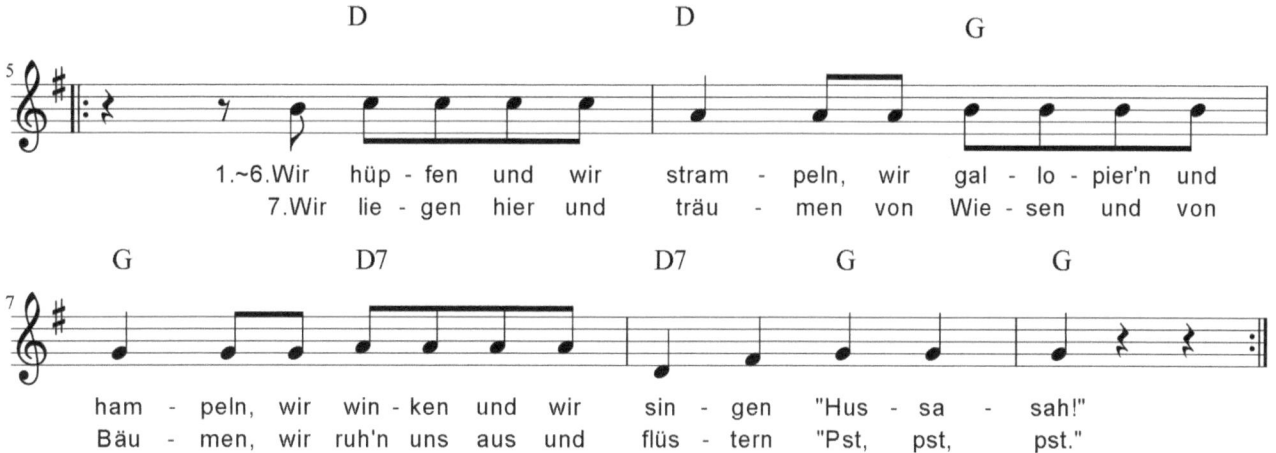

Viele Kinder sind tagsüber so mit dem Spielen beschäftigt, dass sie vergessen regelmäßig und ausreichend zu trinken. Auf Seite 26 finden Sie Empfehlungen für die tägliche Wasserzufuhr für verschiedene Altersgruppen. An heißen Tagen, bei Fieber oder intensiver körperlicher Betätigung kann eine höhere Trinkmenge erforderlich sein.

Ich möchte was trinken

Text: Dr. Evelyn Back

Melodie: Traditional aus der Bretagne

Wer will durstige Kinder seh'n

Text: Dr. Evelyn Back
Melodie: Wer will fleißige Handwerker seh'n

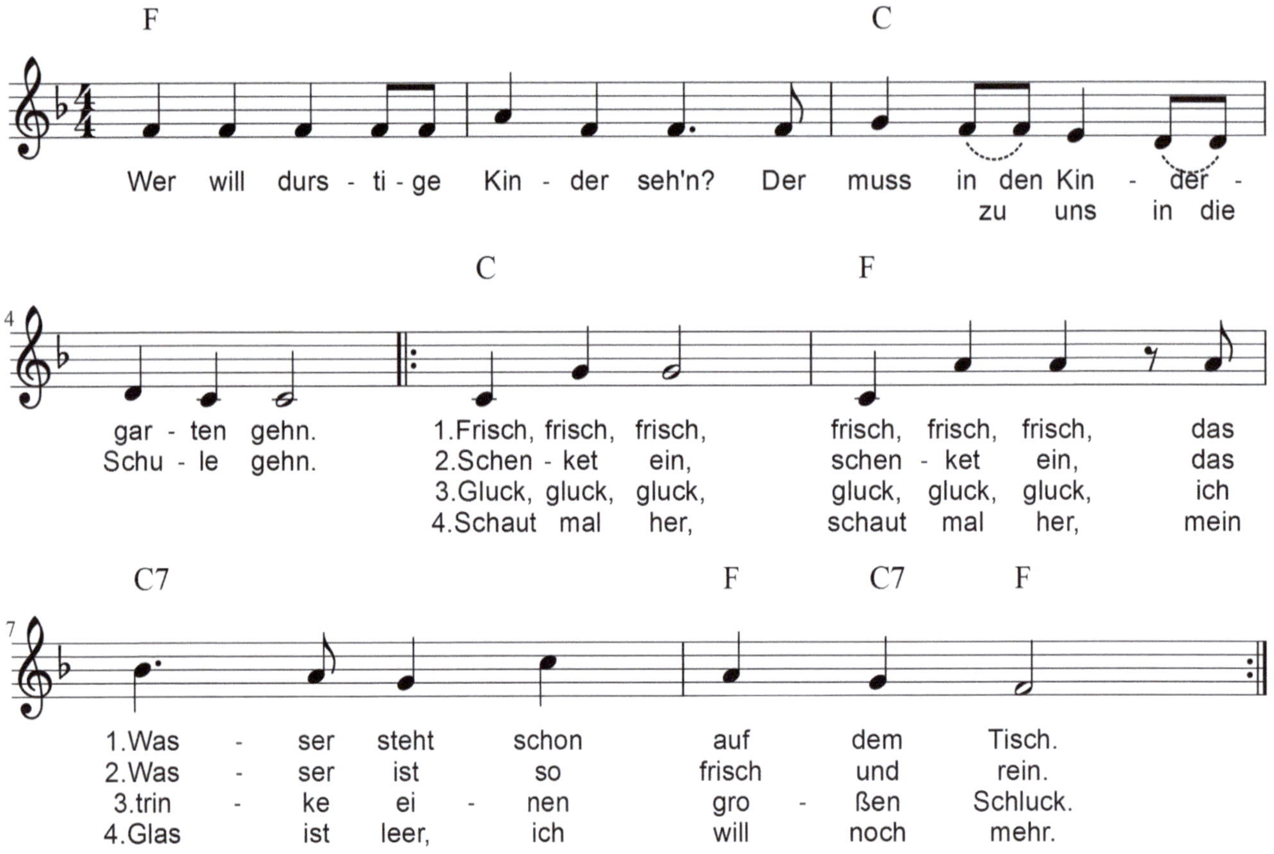

Wer will durs-ti-ge Kin-der seh'n? Der muss in den Kin-der- / zu uns in die

gar-ten gehn. / Schu-le gehn.

1. Frisch, frisch, frisch, frisch, frisch, frisch, das
2. Schen-ket ein, schen-ket ein, das
3. Gluck, gluck, gluck, gluck, gluck, gluck, ich
4. Schaut mal her, schaut mal her, mein

1. Was-ser steht schon auf dem Tisch.
2. Was-ser ist so frisch und rein.
3. trin-ke ei-nen gro-ßen Schluck.
4. Glas ist leer, ich will noch mehr.

Empfohlene tägliche Wasserzufuhr [S. 28/2.2]

- Säuglinge von 4 bis < 12 Monaten:
    - ab dem dritten Brei ca. 200 ml Flüssigkeit zusätzlich
    - gegen Ende des 1. Lebensjahres ca. 700 ml Flüssigkeit extra
- Kinder von 1 bis < 4 Jahren: 820 ml
- Kinder von 4 bis < 7 Jahren: 940 ml
- Jugendliche, Erwachsene, Schwangere: ca. 1,5 Liter
- Stillende: 1,7 Liter
- Senioren/innen: ca. 1,3 Liter

Gute Durstlöscher

Zum Durstlöschen eigenen sich energiearme Getränke (Wasser, Tee, Schorlen mit einem Teil Saft und drei Teilen Wasser). Pure Säfte zählen aufgrund ihrer Inhaltsstoffe nicht zu den Getränken. Ein Glas Obst- oder Gemüsesaft/ein Smoothie kann jedoch gelegentlich eine Portion Obst oder Gemüse ersetzen. Milch(mix)-getränke sind den Milchprodukten zuzuordnen.

Nach dem Auftanken an der Getränkestation geht es mit neuer Energie im Galopp weiter:

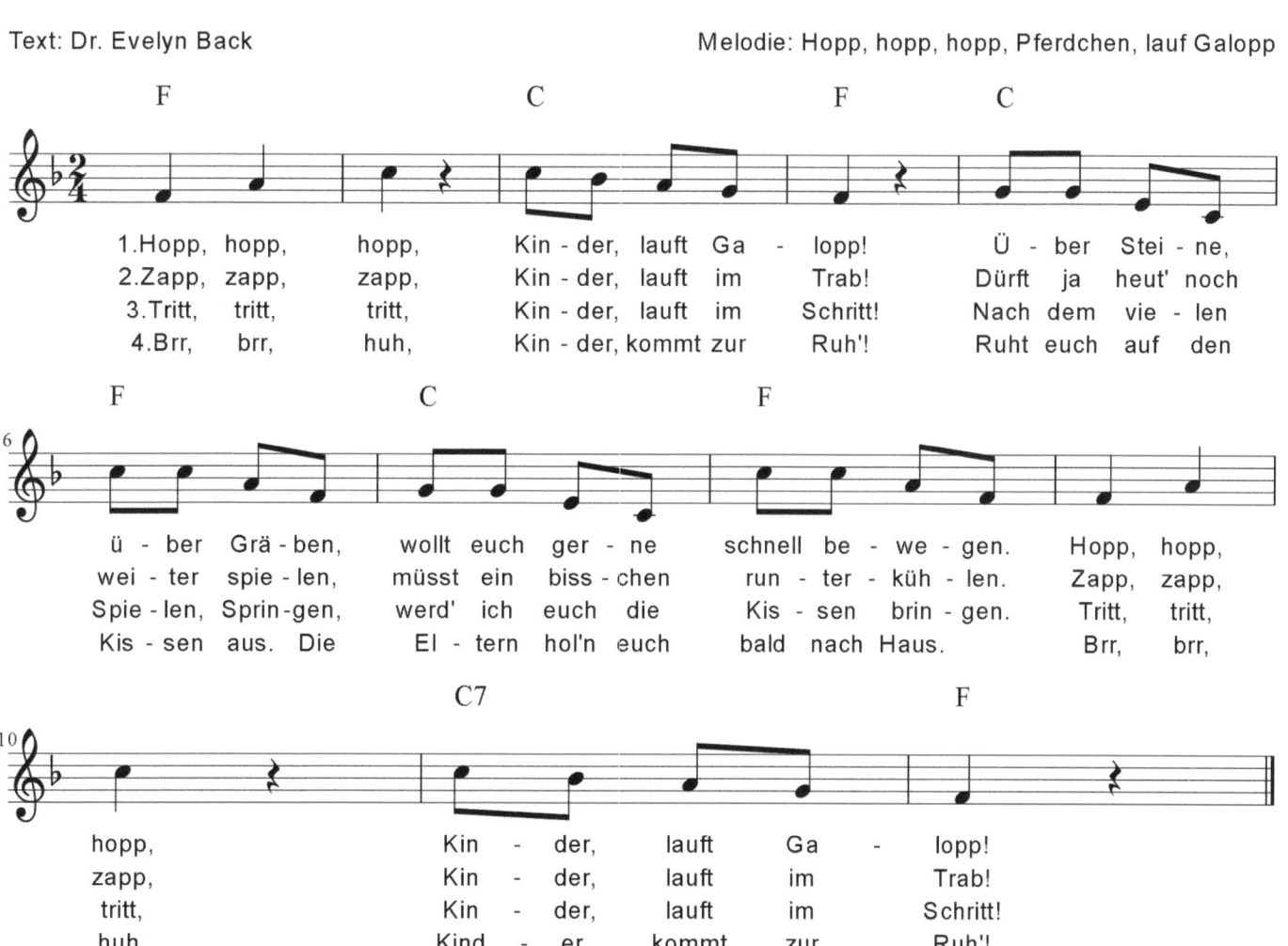

Hier finden Sie weiterführende Informationen

1. ess cetera – Praxis für Ernährungsberatung und -therapie
1.1 Arbeitsmaterialien für (Groß-/Tages-)Eltern, Kitas und Schulen: www.ess-cetera.de ⇨ Arbeitsmaterialien
1.2 Kursangebot: www.ess-cetera.de ⇨ Termine
1.3 Puppentheater „Die schlaraffisketische Traumhochzeit": www.ess-cetera.de ⇨ Home
1.4 Die Melodien zu den Liedern finden Sie als wav-Datei im monatlichen Wechsel zum kostenlosen Download unter www.ess-cetera.de ⇨ Downloads und Abbildungen

2. Deutsche Gesellschaft für Ernährung (DGE)
2.1 Die Gesund-Essen-Aktion der DGE für Kitas mit umfangreichen Materialien: www.fitkid-aktion.de
2.2 Referenzwerte für die Wasser-, Energie- und Nährstoffzufuhr: www.dge.de/wissenschaft/referenzwerte
2.3 Schule + Essen = Note 1: http://www.schuleplusessen.de/

3. aid Infodienst e. V.
3.1 App „Was ich esse": https://www.aid.de/inhalt/app-was-ich-esse-987.html
3.2 Ernährungspyramide: www.aid.de/inhalt/die-aid-ernaehrungspyramide-640.html
3.3 Verbraucherportal: www.was-wir-essen.de

4. Die App-Trilogie für Schwangere und junge Familien zum den Themen gesunde Ernährung und Bewegung des Kompetenzzentrums für Ernährung und der Stiftung Kindergesundheit: http://www.familie-gesund-ernaehrt.de/

5. Broschürenportal des Staatsministeriums für Ernährung, Landwirtschaft und Forsten Bayern: http://www.bestellen.bayern.de/ ⇨ Ernährung, Landwirtschaft und Forsten ⇨ Ernährung

6. Bundeszentrale für gesundheitliche Aufklärung: www.bzga.de – Infomaterialien – Stichwort „Hygiene" in die Artikelsuche eingeben (Flyer in mehreren Sprachen, Aufkleber, Poster und Ausmalbilder zum Thema Händehygiene für Kindertagesstätten und Schulen)

7. Forschungsinstitut für Kinderernährung: www.fke-do.de

8. Ämter für Ernährung, Landwirtschaft und Forsten in Bayern: www.stmelf.bayern.de/ministerium/004545/

Abkürzungsverzeichnis

TL = Teelöffel
EL = Esslöffel